NUDELSALAT Rezeptübersicht

NUDELN KOCHEN IM THERMOMIX

Wer möchte, kann die Nudeln (bis 500 g) auch gleich im Mixtopf kochen. Hierzu gehen Sie wie folgt vor:

1.600 g Wasser, 1 TL Salz und 1 EL Öl in den Mixtopf geben, **ca. 10-12 Min./Varoma/Stufe 1** aufkochen bis es sprudelnd kocht. Dann die im Rezept angegebene Menge an Nudeln zugeben. Garzeit der Nudeln (+ 1 Min.) einstellen und diese dann **90-100°C/ /Stufe 1** kochen.

4 PORTIONEN

Asia-NUDELSALAT

MIT CHINAKOHL

ZUTATEN

250 g	Mie-Nudeln (Instant)
1 kl.	Chinakohl (150 g)
3	Frühlingszwiebeln
2 EL	Sesam, geröstet
100 g	Mandelstifte

FÜR DAS DRESSING

60 g	Balsamicoessig, hell
40 g	Öl
1 EL	Sojasauce
50 g	Zucker
1 TL	Salz
1 TL	Pfeffer, gem.
½ TL	Currypulver
2 TL	Gemüsebrühpulver

1. Nudeln nach Packungsanweisung zubereiten. Danach kalt abschrecken und in eine große Schüssel geben. Chinakohl in Streifen und Frühlingszwiebeln in Ringe schneiden. Zusammen mit Sesam sowie Mandelstiften zum Salat geben.

2. **FÜR DAS DRESSING**

Alle Zutaten im Mixtopf **3 Min./70°C/Stufe 3** erwärmen. Etwas abkühlen lassen und über den Salat geben. Gut vermengen und etwas durchziehen lassen.

OHNE THERMOMIX:

Dressingzutaten in einem kleinen Topf erhitzen, bis sich der Zucker aufgelöst hat. Abkühlen lassen und über den Salat geben.

Pro Portion: 575 kcal | 65 g KH | 15 g EW | 27 g Fett

6–8 PORTIONEN

Cowboy NUDELSALAT

MIT BACON + HACKFLEISCH

ZUTATEN

500 g	Mini Penne Rigate
250 g	Rinderhackfleisch
1 TL	Salz
½ TL	Pfeffer, gem.
1 TL	Paprikapulver, edelsüß
200 g	Baconstreifen
3	Frühlingszwiebeln
150 g	Cocktailtomaten
100 g	geriebener Cheddar
1 kl.	Dose Mais (Abtr.gew. 140 g)

FÜR DAS DRESSING

1	Zwiebel, halbiert
1	Knoblauchzehe
2 EL	Öl
200 g	Schmand
40 g	Tomatenketchup
1 TL	Paprikapulver, edelsüß
1 TL	Salz
½ TL	Pfeffer, gem.
1 TL	Gemüsebrühpulver
2 EL	Worcestersauce
1 TL	Zitronensaft
1 EL	Balsamicoessig, hell

1. Nudeln nach Packungsanweisung in reichlich Salzwasser kochen. Danach kalt abschrecken und in eine große Schüssel geben. Hackfleisch mit Salz, Pfeffer und Paprikapulver würzen und in einer Pfanne mit heißem Öl anbraten. Zu den Nudeln geben. Nun die Speckstreifen (ohne Öl) knusprig braten. Auf ein Küchenkrepp-papier geben und abtropfen lassen.

2. Frühlingszwiebeln in Ringe schneiden. Cocktailtomaten klein schneiden. Mais abtropfen lassen und alles zusammen mit Cheddarkäse und Speck zu den Nudeln geben.

3. **FÜR DAS DRESSING**
Zwiebel und Knoblauch im Mixtopf **5 Sek./Stufe 5** zerkleinern. Mit dem Spatel nach unten schieben. Öl zugeben und **2 Min./Varoma/Stufe 1** dünsten. Restliche Zutaten für das Dressing hinzufügen und **10 Sek./Stufe 3.5** mischen. Über den Salat geben und gut vermengen. Ggf. mit Salz und Pfeffer noch mal abschmecken.

Pro Portion (bei 8): 535 kcal | 52 g KH | 24 EW | 24 g Fett

OHNE THERMOMIX:

Zwiebel und Knoblauch klein hacken und in einer Pfanne mit Öl anbraten. Mit restlichen Dressingzutaten vermengen.

Ohne Fleisch

FÜR EINE VEGETARISCHE VARIANTE VERWENDEN SIE VEGETARISCHES „HACK" UND LASSEN DEN BACON WEG. FÜR EINEN RAUCHIGEN GESCHMACK, KÖNNEN SIE STATT PAPRIKAPULVER EDELSÜß AUCH GERÄUCHERTES PAPRIKAPULVER VERWENDEN.

Pizza-NUDELSALAT

ZUTATEN

300 g	Nudeln (z.B. Tortiglioni)
80 g	italienische Salami, in Scheiben
250 g	Cocktailtomaten
125 g	geriebener Mozzarella
60 g	grüne Oliven, entsteint
1 Bund	Rucola
1 Handvoll	Basilikumblätter

FÜR DAS DRESSING

1	Knoblauchzehe
40 g	Olivenöl
50 g	Weißweinessig
15 g	Tomatenmark
1 TL	Salz
1 TL	Pizzagewürz
½ TL	Pfeffer, gem.
½ TL	Zucker

1. Nudeln nach Packungsanweisung in reichlich Salzwasser kochen. Danach kalt abschrecken und in eine große Schüssel geben. Salami und Cocktailtomaten klein schneiden und zusammen mit geriebenem Mozzarella, Oliven, Rucola und Basilikumblättern unter die Nudeln mischen.

2. **FÜR DAS DRESSING**
   Knoblauch im Mixtopf **5 Sek./Stufe 5** zerkleinern. Mit dem Spatel nach unten schieben. Öl zugeben und **1:30 Min./Varoma/Stufe 1** dünsten. Restliche Dressingzutaten zugeben und **10 Sek./Stufe 3** mischen. Über den Salat geben und gut vermengen.

Pro Portion (bei 5): 481 kcal | 48 g KH | 19 g EW | 22 g Fett

4–5 PORTIONEN

ALS VEGGIE-VARIANTE VERWENDEN SIE FLEISCHFREIE SALAMI

OHNE THERMOMIX:

Knoblauch klein hacken und in einer Pfanne mit Öl dünsten. Mit restlichen Dressingzutaten vermengen.

Popeye Tortellinisalat

4–5 PORTIONEN

ZUTATEN

500 g	Tortellini mit Käsefüllung
250 g	Cocktailtomaten
150 g	getr. Tomaten, mariniert
50 g	Salatkörner
125 g	Babyspinat

FÜR DAS DRESSING

1 Handvoll Petersilie

40 g	Olivenöl
40 g	Apfelessig
80 g	Buttermilch
1 TL	Salz
¼ TL	Pfeffer, gem.

Je 1 Msp. Ingwer und Kurkuma

¼ TL	Paprikapulver, edelsüß
½ TL	Gemüsebrühpulver

1. Nudeln nach Packungsanweisung in reichlich Salzwasser kochen.
Danach kalt abschrecken und in eine große Schüssel geben. Cocktailtomaten halbieren, getrocknete Tomaten absieben und alles zusammen mit den Salatkörnern und dem Spinat in eine Schüssel geben.

2. **FÜR DAS DRESSING**
Petersilie im Mixtopf **7 Sek./Stufe 7** hacken. Restliche Zutaten hinzufügen und **10 Sek./Stufe 4** mixen. Über den Salat geben und vermengen.

Pro Portion (bei 5): 467 kcal | 57 g KH | 15 g EW | 18 g Fett

OHNE THERMOMIX:
Petersilie fein hacken und mit den restlichen Dressingzutaten vermengen.

ES GIBT SPINAT, BABY!

ALTERNATIV KÖNNEN SIE STATT BABYSPINAT AUCH FELDSALAT ODER RUCOLA VERWENDEN

5–6 PORTIONEN

Mediterraner NUDELSALAT

ZUTATEN

500 g	Nudeln (z.B. Maccheroni)
200 g	Cocktailtomaten
125 g	Mozzarellabällchen
80 g	getrocknete Tomaten, in Öl eingelegt
1	gelbe Paprikaschote
1	kl. Zucchini (250 g)
1 EL	Öl zum Braten

FÜR DAS DRESSING

1	Knoblauchzehe
1 Handvoll	Rucola
40 g	Olivenöl
100 g	Balsamicoessig, hell
20 g	Balsamicoglaze
etwas	Salz & Pfeffer

1. Nudeln nach Packungsanweisung in reichlich Salzwasser kochen. Danach kalt abschrecken und in eine große Schüssel geben. Tomaten halbieren und zusammen mit den Mozzarellabällchen und getrockneten Tomaten zu den Nudeln geben.

2. Paprika und Zucchini in kleine Stifte hobeln oder schneiden und in einer Pfanne mit Öl kräftig anbraten. Auf einem Küchenkrepp abtropfen lassen und zu den Nudeln geben.

3. **FÜR DAS DRESSING**
Knoblauch und Rucola **5 Sek./Stufe 6** hacken. Restliche Zutaten für das Dressing zugeben, **5 Sek./Stufe 3** verrühren und mit dem Salat vermengen. Mit Salz und Pfeffer abschmecken.

Pro Portion (bei 6): 490 kcal | 70 g KH | 16 g EW | 14 g Fett

TIPP: MIT FRISCHEN BASILIKUMBLÄTTERN SERVIEREN

OHNE THERMOMIX:

Knoblauch und Rucola klein hacken und mit restlichen Dressingzutaten vermengen.

NUDELSALAT „Mallorca"

ZUTATEN

500 g	Nudeln (z.B. Penne)
1 kl. Glas Kapern (60 g)	
100 g	grüne Oliven, entsteint
50 g	Pinienkerne
50 g	Parmesan*

FÜR DAS DRESSING

150 g	getr. Tomaten, in Öl eingelegt
½ Bd.	glatte Petersilie
40 g	Olivenöl
30 g	Balsamicoessig, dunkel
2 TL	Dijon-Senf
20 g	Honig
1 TL	Salz
¼ TL	Pfeffer, gem.
1 TL	ital. Kräuter, getr.

**ohne Thermomix kaufen Sie bereits geriebenen Parmesan*

Pro Portion (bei 6): 533 kcal | 70 g KH | 17 g EW | 19 g Fett

1. Nudeln nach Packungsanweisung in reichlich Salzwasser kochen. Danach kalt abschrecken und in eine große Schüssel geben. Kapern abtropfen lassen und Oliven halbieren. Beides zu den Nudeln geben. Pinienkerne in einer Pfanne ohne Fett rösten und abkühlen lassen.

2. Parmesan in Stücken in den Mixtopf geben und **10 Sek./Stufe 10** reiben. Umfüllen.

3. **FÜR DAS DRESSING**
Tomaten abtropfen lassen und zusammen mit der Petersilie **6 Sek./Stufe 8** hacken. Restliche Zutaten für das Dressing zugeben und **3 Sek./Stufe 3** mischen.

4. Dressing über den Salat geben und vermengen. Zum Schluss noch geriebenen Parmesan und Pinienkerne unterrühren. Fertig!

OHNE THERMOMIX:

Tomaten ganz klein würfeln, Petersilie hacken und mit den restlichen Dressingzutaten vermengen.

Mixed-PASTASALAD

MIT GEBRATENEN TOMATEN

6 PORTIONEN

ZUTATEN

250 g	frische Tortellini (Käse)
300 g	Nudeln (Korkenzieher)
3	Frühlingszwiebeln
1	rote Paprika
1 Bund	Rucola
½	Kästchen Kresse
300 g	kleine Rispentomaten

FÜR DAS DRESSING

1	Zwiebel, halbiert
1	Knoblauchzehe
1 EL	Olivenöl
100 g	Crème fraîche
200 g	Naturjoghurt, 3,8%
10 g	Weißweinessig
1 TL	Salz, leicht gehäuft
½ TL	Pfeffer, gem.
½	Zitrone, Saft davon
½ TL	Paprikapulver, rosenscharf
½ TL	Paprikapulver, geräuchert
1 EL	Agavendicksaft

1. Nudeln nach Packungsanweisung zubereiten. Danach kalt abschrecken und in eine große Schüssel geben. Frühlingszwiebeln in Ringe schneiden und Paprika klein würfeln. Beides zum Salat geben. Rucola etwas klein schneiden und zusammen mit der abgeschnittenen Kresse zugeben.

2. **FÜR DAS DRESSING**
Zwiebel und Knoblauch **5 Sek./Stufe 6** zerkleinern. Mit dem Spatel nach unten schieben, Öl zugeben und **2 Min./Varoma/Stufe 1** dünsten. Restliche Zutaten für das Dressing zugeben, **10 Sek./Stufe 3** verrühren und zu den Nudeln geben. Alles vermengen.

3. Zum Schluss Tomaten im Ganzen in einer Pfanne mit Öl anbraten und über den Salat geben.

Pro Portion: 412 kcal | 57 g KH | 17 g EW | 12 g Fett

Mit zwei Nudelsorten!

OHNE THERMOMIX:

Zwiebel und Knoblauch klein hacken und in einer Pfanne mit Öl anbraten. Mit restlichen Dressingzutaten vermengen.

6-8 PORTIONEN

NUDELSALAT "Winzer Art"

ZUTATEN

500 g	Nudeln (z.B. Penne)
500 g	blaue Trauben
1 Bd.	Frühlingszwiebeln
125 g	Walnusskerne
300 g	Gouda, in groben Stücken*

FÜR DAS DRESSING

150 g	Naturjoghurt, 3,5%
175 g	Doppelrahmfrischkäse
20 g	Öl
60 g	Balsamicoessig, hell
1 TL	Salz
½ TL	Pfeffer, gem.
1 EL	8-Kräuter-Mischung (TK)

**ohne Thermomix kaufen Sie bereits geriebenen Gouda*

1. Nudeln nach Packungsanweisung in reichlich Salzwasser kochen. Kalt abschrecken und in eine große Schüssel geben. Trauben waschen und je nach Größe ggf. halbieren. Frühlingszwiebeln in Ringe schneiden. Alles zu den Nudeln geben.

2. Walnusskerne im Mixtopf **5 Sek./Stufe 4** hacken. Zu den Nudeln geben. Käse in den Mixtopf geben, **8-10 Sek./Stufe 5** grob zerkleinern und ebenfalls in die Schüssel geben.

3. **FÜR DAS DRESSING**
   Alle Zutaten in den Mixtopf geben und **20 Sek./Stufe 4** vermengen. Über den Salat geben und gut vermischen.

Pro Portion (bei 8): 610 kcal | 59 g KH | 22 g EW | 30 g Fett

Kleiner Tipp

SOLLTE DER SALAT LÄNGER STEHEN UND ZU TROCKEN WERDEN, EINFACH MIT ETWAS ÖL UND ESSIG NACHWÜRZEN.

OHNE THERMOMIX:

Walnusskerne mit einem Messer grob hacken. Alle Dressingzutaten gut vermengen.

NUDELSALAT „Sommerbrise“

4–5 PORTIONEN

ZUTATEN

300 g	Nudeln nach Wahl
1	Salatgurke
½ Bd.	Frühlingszwiebeln
½	Fenchelknolle
1 kl. Dose	Mais (Abtr.gew. 140 g)
180 g	Feta

FÜR DAS DRESSING

½ Bd.	Dill
150 g	Naturjoghurt, 3,5%
80 g	Mayonnaise
50 g	Sahne
30 g	Apfelessig
1 EL	Limettensaft
1 TL	Zucker
1 TL	Salz
¼ TL	Pfeffer, gem

1. Nudeln nach Packungsanweisung in reichlich Salzwasser kochen, kalt abschrecken und in eine große Schüssel geben. Gurke schälen und in Stücke schneiden. Frühlingszwiebeln in Ringe schneiden und Fenchel in feine Scheiben hobeln. Mais abtropfen lassen. Alles zu den Nudeln in die Schüssel geben. Feta darüber bröseln und vermengen.

2. **FÜR DAS DRESSING**
Dill in den Mixtopf geben und **8 Sek./Stufe 5** zerkleinern. Restliche Dressingzutaten zugeben und **15 Sek./Stufe 4** mixen. Über den Salat geben und gut vermengen. Fertig!

OHNE THERMOMIX:

Dill grob hacken und mit den Dressingzutaten vermengen.

Pro Portion (bei 5): 515 kcal | 52 g KH | 19 g EW | 24 g Fett

PERFEKT GEEIGNET AUCH ZUM MITNEHMEN!

3–4 PORTIONEN

American MAC SALAD

ZUTATEN

250 g kl. Hörnchennudeln
2 Karotten (à 100 g)
2 Stangen Sellerie
1 kl. rote Paprika
2 Eier, hart gekocht

FÜR DAS DRESSING

150 g Naturjoghurt, 10%
75 g Mayonnaise
2 EL Weißweinessig
15 g Senf, mittelscharf
1 EL Ahornsirup
1 TL Salz
¼ TL Pfeffer, gem.
½ TL Paprikapulver, rosenscharf

1. Nudeln nach Packungsanweisung in reichlich Salzwasser kochen. Danach absieben und mit kaltem Wasser abschrecken. In eine große Schüssel geben. Karotten, Sellerie, Paprika und Eier klein würfeln und zu den Nudeln geben.

2. FÜR DAS DRESSING
Alle Zutaten im Mixtopf **10 Sek./Stufe 3.5** verrühren, über den Salat geben und gut vermengen. 1-2 Stunden durchziehen lassen.

OHNE THERMOMIX:

Alle Dressingzutaten in einer Schüssel gut verrühren.

Pro Portion (bei 4): 496 kcal | 53 g KH | 14 g EW | 24 g Fett

Buffalo Chicken NUDELSALAT

8 PORTIONEN

ZUTATEN

500 g Nudeln nach Wahl
500 g Hähnchenbrust
etwas Salz, Pfeffer und Paprikapulver
etwas Öl zum Braten
2 Stangen Sellerie
50 g geriebener Cheddar
etwas gehackte Petersilie
50 g Edelpilzkäse, schnittfest

FÜR DAS DRESSING

1 weiße Zwiebel, halbiert
50 g Butter
80 g Hot Chili Sauce (s. Bild)
100 g Salatmayonnaise
1 TL Paprikapulver, edelsüß
½ TL Salz
½ TL Pfeffer, gem.

1. Nudeln nach Packungsanweisung in reichlich Salzwasser kochen. Kalt abschrecken und in eine große Schüssel geben. Hähnchenbrust in Würfel schneiden und mit Salz, Pfeffer und Paprikapulver kräftig würzen. In einer Pfanne in heißem Öl anbraten.

2. **FÜR DAS DRESSING**
Zwiebel im Mixtopf **5 Sek./Stufe 5** zerkleinern. Butter zugeben und **2 Min./100°C/Stufe 1** dünsten. Restliche Zutaten für das Dressing zugeben und **10 Sek./Stufe 3** mischen.

3. Sellerie in dünne Scheiben schneiden und zusammen mit dem Fleisch, Cheddar und Petersilie zu den Nudeln geben. Edelpilzkäse mit den Händen zerbröseln und mit dem Dressing über den Salat geben. Gut vermengen und genießen!

VEGGIE-VARIANTE:

Verwenden Sie z.B. von Valess fleischfreie Filetstückchen.

OHNE THERMOMIX:

Zwiebel fein würfeln und in einer Pfanne mit Butter dünsten. Vom Herd nehmen und restliche Dressingzutaten einrühren.

Pro Portion: 458 kcal | 50 g KH | 26 g EW | 17 g Fett

6 PORTIONEN

Griechischer NUDELSALAT

MIT ZAZIKIDRESSING

ZUTATEN

500 g	Nudeln (z.B. Spirelli)
250 g	Cocktailtomaten
1	orange Paprika
1	rote Zwiebel
200 g	Feta

FÜR DAS DRESSING

2	Knoblauchzehen
1 Handvoll Petersilie	
½	Salatgurke (200 g), in groben Stücken
150 g	Naturjoghurt, 3,5%
70 g	Crème fraîche
20 g	Olivenöl
35 g	Weißweinessig
1 TL	Salz
½ TL	Pfeffer, gem.

Pro Portion: 474 kcal | 65 g KH | 19 g EW | 14 g Fett

OHNE THERMOMIX:

Knoblauchzehe und Petersilie hacken. Gurke ganz klein würfeln. Zusammen mit den Dressingzutaten vermengen.

1. Nudeln nach Packungsanweisung in reichlich Salzwasser kochen. Danach kalt abschrecken und in eine große Schüssel geben. Cocktailtomaten und Paprika klein schneiden und untermischen. Zwiebel in Scheiben schneiden. Schafskäse mit den Händen zerbröseln und mit den Zwiebelringen untermischen.

2.

FÜR DAS DRESSING

Knoblauch und Petersilie im Mixtopf **5 Sek./Stufe 6** klein hacken. Restliche Zutaten zugeben und **7 Sek./Stufe 4** mixen. Zum Nudelsalat geben und alles gut vermischen.

UND DAS BESTE ...

Man kann ihn prima vorbereiten und selbst am nächsten Tag können die Reste noch ins Büro mitgenommen werden. Genial!

Döner-NUDELSALAT

6 PORTIONEN

ZUTATEN

500 g	Nudeln (z.B. Spirelli)
200 g	Cocktailtomaten
½	Salatgurke (200 g)
1	Zwiebel
250 g	Döner-/Gyrosfleisch
125 g	Rotkraut
50 g	Karotte

FÜR DAS DRESSING

2	Knoblauchzehen
1 Handvoll Dill	
200 g	Crème fraîche
150-170 g griech. Joghurt	
75 g	Ayran
2 Spritzer Zitronensaft	
½ TL	Zucker
1 gestr. TL Salz	
2 Msp.	Pfeffer, gem.
2 Msp.	Paprikapulver, edelsüß
25 g	Balsamicoessig, hell

Pro Portion: 561 kcal | 67 g KH | 21 g EW | 22 g Fett

UND DAS BESTE ...

Wenn man den Essig einfach weglässt, hat man eine leckere Soße z.B. für Döner oder zu Gegrilltem.

OHNE THERMOMIX:

Rotkraut und Karotte fein reiben.
Für das Dressing: Knoblauchzehe und Dill hacken. Zusammen mit den restlichen Dressingzutaten vermengen.

1. Nudeln nach Packungsanweisung in reichlich Salzwasser kochen. Danach kalt abschrecken und in eine große Schüssel geben. Cocktailtomaten und Gurke klein schneiden und untermischen. Zwiebel in Scheiben hobeln und untermischen. Fleisch in einer Pfanne anbraten.

2. Rotkraut in Stücken in den Mixtopf geben, **10 Sek./Stufe 4** zerkleinern und zum Salat geben. Karotte **5 Sek./Stufe 6** zerkleinern und ebenso unter die Nudeln mischen. Mixtopf spülen und trocknen.

3. **FÜR DAS DRESSING**
Knoblauchzehen und Dill im Mixtopf **5 Sek./Stufe 6** zerkleinern.
Mit dem Spatel nach unten schieben. Restliche Zutaten für das Dressing zugeben und **10 Sek./Stufe 4** mixen. Zusammen mit dem Fleisch über den Salat geben und gut vermengen.

VEGGIE-VARIANTE:

Verwenden Sie z.B. Filetstücke „Döner-Art“ von Like Meat.

4–5 PORTIONEN

Bunter RAVIOLI-SALAT

MIT ANANAS

ZUTATEN

250 g	Ravioli oder Tortellini (Kühltheke)
1	rote Paprika
½	Salatgurke (200 g)
½	rote Zwiebel
200 g	Kochschinken
3	Frühlingszwiebeln
220 g	Ananasstücke (Dose)
200 g	Cocktailtomaten

FÜR DAS DRESSING

1	Knoblauchzehe
120 g	Ananasstücke (Dose)
1 Handvoll	Petersilie
40 g	Weinessig
120 g	Sauerrahm
150 g	Mayonnaise
1 TL	Salz
1 TL	Dijon-Senf
½ TL	Pfeffer, gem.
1 gestr. TL	Currypulver
1 gestr. TL	Ingwer, gem.

1. Ravioli nach Packungsanweisung zubereiten und kalt abschrecken. In eine große Schüssel füllen. Paprika und Gurke in mundgerechte Stücke schneiden. Zwiebel und Schinken klein würfeln. Frühlingszwiebeln in Ringe schneiden. Ananas absieben und Cocktailtomaten halbieren. Alles zu den Ravioli in die Schüssel geben.

2. **FÜR DAS DRESSING** Knoblauch im Mixtopf **5 Sek./Stufe 5** zerkleinern. Ananas, Petersilie, Weinessig und Sauerrahm hinzufügen und **10 Sek./Stufe 10** pürieren. Restliche Zutaten für das Dressing zugeben und **10 Sek./Stufe 3** verrühren, über den Salat geben und gut vermengen.

Pro Portion (bei 5): 488 kcal | 30 g KH | 15 g EW | 34 g Fett

OHNE THERMOMIX:
Alle Dressingzutaten mit einem Pürierstab pürieren.

VEGGIE-VARIANTE:
Verwenden Sie statt Schinken gebratene Champignons.

6 PORTIONEN

Nudelsalat MILLENNIUM

ZUTATEN

400 g	Hörnchennudeln
1 Dose	Möhrchen und Erbsen (Abtr.gew. 155 g)
½	rote Paprika
3	Gewürzgurken (90 g)
200 g	Wiener oder Lyoner

FÜR DAS DRESSING

1	Zwiebel, halbiert
30 g	Öl
140 g	Mayonnaise
25 g	Tomatenketchup
45 g	Balsamicoessig, hell
1 TL	Salz
1 TL	Currypulver
1 TL	Paprikapulver, rosenscharf

1. Nudeln nach Packungsanweisung in reichlich Salzwasser kochen. Danach kalt abschrecken und in eine große Schüssel geben. Möhrchen und Erbsen absieben und zu den Nudeln geben. Paprika, Gewürzgurken und Wurst klein schneiden und untermischen.

2. FÜR DAS DRESSING
Zwiebel im Mixtopf **5 Sek./Stufe 5** zerkleinern. Mit dem Spatel nach unten schieben. Öl zugeben und **1 Min./Varoma/Stufe 1** dünsten. Restliche Zutaten zugeben und **10 Sek./Stufe 4** mixen. Zum Nudelsalat geben und alles gut vermischen. 30 Min. ziehen lassen und servieren.

VEGGIE-VARIANTE:

Verwenden Sie z.B. vegetarische Mühlen-Würstchen.

Pro Portion: 611 kcal | 55 g KH | 14 g EW | 37 g Fett

OHNE THERMOMIX:

Zwiebel klein hacken und in einer Pfanne mit Öl anbraten. Mit restlichen Dressingzutaten vermengen.

4–5 PORTIONEN

Bunter KONFETTI-SALAT

MIT INGWER-SCHMAND-DRESSING

ZUTATEN

250 g	Udon-Nudeln*
¼	Salatgurke
1	Karotte
3 gr.	Radieschen
2	Frühlingszwiebeln
1	rote Spitzpaprika
100 g	Rotkraut

FÜR DAS DRESSING

1 Stück Ingwer (10 g)

150 g	Schmand
30 g	Weißweinessig
25 g	Sojasauce
10 g	Honig
50 g	Erdnussmus (Glas)
80 g	Wasser
1 TL	Gemüsebrühpulver

1 geh. TL Tomatenmark

etwas	Salz & Pfeffer
etwas	Chiliflocken

1. Nudeln nach Packungsanweisung zubereiten und kalt abschrecken. In eine große Schüssel geben. Gurke, Karotte und Radieschen in feine Scheiben hobeln. Frühlingszwiebeln in Ringe und Paprika in Streifen schneiden. Rotkraut ebenso fein hobeln. Alles zu den Nudeln geben.

2. **FÜR DAS DRESSING**
Ingwer im Mixtopf **5 Sek./Stufe 7** hacken. Restliche Zutaten zugeben und **20 Sek./Stufe 5** mixen. Dressing über den Salat geben, gut vermengen und mit Salz & Pfeffer noch mal abschmecken, falls nötig.

3. Salat auf einen Teller oder in einer Schale schön anrichten und mit Chiliflocken bestreuen.

Pro Portion (bei 5): 352 kcal | 44 g KH | 11 g EW | 13 g Fett

OHNE THERMOMIX:

Ingwer fein reiben und mit den restlichen Dressingzutaten gut vermengen.

* Udon-Nudeln finden Sie im Supermarkt in der Asia-Abteilung.

6 PORTIONEN

Radicchio-RIGATONI-SALAT

MIT RICOTTADRESSING

ZUTATEN

500 g Rigatoni
50 g Pinienkerne
1 kl. Kopf Radicchio
1 Handvoll Basilikumblätter

FÜR DAS DRESSING

1	Knoblauchzehe
2 EL	Rosmarinnadeln, frisch
40 g	Olivenöl
250 g	Ricotta
½	Zitrone, Saft davon
2 EL	Balsamicoessig, hell
1 TL	Salz
¼ TL	Zucker
¼ TL	Pfeffer, gem.

1. Rigatoni in reichlich Salzwasser al dente kochen. Kalt abschrecken und in eine große Schüssel geben. Pinienkerne in einer Pfanne ohne Fett anrösten, auf einen Teller umfüllen und abkühlen lassen.

2. FÜR DAS DRESSING
Knoblauch und Rosmarin in den Mixtopf geben und **10 Sek./Stufe 8** zerkleinern. Öl, Ricotta, Zitronensaft, Balsamicoessig und Gewürze zugeben und **10 Sek./Stufe 4** vermengen.

3. Radicchio und Basilikumblätter in feine Streifen schneiden und zusammen mit den Pinienkernen und dem Dressing über die Nudeln geben. Gut vermengen und servieren!

Pro Portion: 487 kcal | 67 g KH | 15 g EW | 17 g Fett

Kleiner Tipp

DAS DRESSING ZIEHT SEHR SCHNELL EIN, DESHALB SOLLTE DER SALAT FRISCH ZUBEREITET WERDEN.

OHNE THERMOMIX:

Knoblauch und Rosmarin fein hacken und mit den Dressingzutaten vermengen.

6–8 PORTIONEN

Schinken-Ei-NUDELSALAT MIT MANDARINEN

ZUTATEN

500 g Nudeln nach Wahl
200 g Kochschinken
200 g Gewürzgurken
1 kl. Dose Mais (Abtr.gew. 140 g)
1 kl. Dose Mandarin-Orangen (Abtr.gew. 175 g)
3 gekochte Eier

FÜR DAS DRESSING

200 g Salatmayonnaise
25 g Öl
1 TL Salz, leicht gehäuft
½ TL Pfeffer, gem.
½ TL Paprikapulver, rosenscharf
½ Zitrone, Saft davon
40-50 g Balsamicoessig, hell
80 g Gurkenwasser (von den Gewürzgurken)

1. Nudeln in reichlich Salzwasser al dente kochen. Kalt abschrecken und in eine Schüssel geben. Kochschinken klein würfeln. Gewürzgurken in Scheiben schneiden. Mais und Mandarin-Orangen abtropfen lassen. Gekochte Eier pellen und klein würfeln. Alles zu den Nudeln in die Schüssel geben.

2. FÜR DAS DRESSING
Alle Zutaten in den Mixtopf geben und **10 Sek./Stufe 6** mixen. Über den Salat geben und gut vermengen.

OHNE THERMOMIX:
Alle Dressingzutaten gut vermengen.

Pro Portion (bei 8): 477 kcal | 56 g KH | 15 g EW | 20 g Fett

EIER HART KOCHEN:

500 g Wasser in den Mixtopf füllen, Gareinsatz einsetzen und Eier hineingeben. Das Ganze **15 Min./Varoma/Stufe 1** garen. Danach kalt abschrecken.

VEGGIE-VARIANTE:

Verwenden Sie statt Schinken gebratene Champignons.

4–5 PORTIONEN

Caprese-NUDELSALAT MIT OLIVEN

ZUTATEN

350-400 g	Farfalle
30-40 g	Pinienkerne
350 g	Tomaten
150 g	bunte Oliven
200 g	Mini-Mozzarella-bällchen
2 EL	geriebener Parmesan

FÜR DAS DRESSING

1 Handvoll Basilikumblätter

70 g	getr. Tomaten, in Öl eingelegt
1 TL	Salz
1 EL	8-Kräuter-Mischung, TK
40 g	Olivenöl
50 g	Balsamicoessig, hell
½ TL	Paprikapulver, rosenscharf
½ TL	Pfeffer, gem.

1. Farfalle in reichlich Salzwasser al dente kochen. Kalt abschrecken und in eine große Schüssel geben. Pinienkerne in einer Pfanne ohne Fett anrösten, auf einen Teller umfüllen und abkühlen lassen.

2. **FÜR DAS DRESSING**
Basilikumblätter im Mixtopf **3 Sek./Stufe 6** hacken. Getr. Tomaten zugeben und **3 Sek./Stufe 7** zerkleinern. Alles mit dem Spatel nach unten schieben. Restliche Zutaten für das Dressing zugeben und **10 Sek./Stufe 3** mixen. Über den Salat geben und vermengen.

3. Tomaten in Würfel schneiden und zusammen mit den restlichen Zutaten und dem Dressing über die Nudeln geben. Gut vermengen und servieren!

Pro Portion (bei 5): 648 kcal | 64 g KH | 21 g EW | 28 g Fett

Wie lecker...

TOMATE UND MOZZARELLA TREFFEN NUDELN UND OLIVEN – EINE TOLLE KOMBI !

OHNE THERMOMIX:

Basilikumblätter und getr. Tomaten klein schneiden und mit den Dressingzutaten gut vermengen.

Mexikanischer NUDELSALAT MIT AVOCADO

Pro Portion: 372 kcal | 51 g KH | 12 g EW | 12 g Fett

OHNE THERMOMIX:

Alle Dressingzutaten mit einem Pürierstab pürieren.

ZUTATEN

300 g	Nudeln (z.B. Farfalle)
200 g	Cocktailtomaten
1	Paprika (orange oder rot)
1 Dose	Mais (Abtr.gew. 285 g)
1 Dose	Kidneybohnen (Abtr.gew. 255 g)
2	Frühlingszwiebeln
1	Avocado
etwas	Limettensaft

FÜR DAS DRESSING

1	Avocado (ca. 100 g Fruchtfleisch)
60 g	Wasser
25 g	Sahne
20 g	Olivenöl
20 g	Weißweinessig
2 EL	Limettensaft
5 g	Honig
½ TL	Currypulver
1 TL	Salz (leicht gehäuft)
1 TL	Paprikapulver, edelsüß
1	kl. Knoblauchzehe
etwas	Pfeffer, frisch gem.

1. Nudeln nach Packungsanweisung kochen. Kalt abschrecken und in eine große Schüssel geben. Cocktailtomaten und Paprika klein schneiden. Mais und Bohnen absieben und waschen. Frühlingszwiebeln in Ringe schneiden, Avocado würfeln und mit etwas Limettensaft beträufeln. Alles mit den Nudeln vermischen.

2. **FÜR DAS DRESSING**

Alle Zutaten im Mixtopf **10 Sek./Stufe 6** pürieren, über den Salat geben und vermengen. Fertig!

Farmer NUDELSALAT

MIT RANCH-DRESSING

5–6 PORTIONEN

ZUTATEN

500 g	kleine Nudeln
½	Salatgurke (200 g)
1	Tomate
½	gelbe Paprika
½	rote Paprika
3	Frühlingszwiebeln
1	kleine Karotte

RANCH-DRESSING

2	Knoblauchzehen
1	rote Zwiebel, halbiert
1 Handvoll Dill	
1 Handvoll Petersilie	
100 g	Salatmayonnaise
60 g	Buttermilch
200 g	saure Sahne
1 TL	Salz
½ TL	Pfeffer, gem.
½ TL	Paprikapulver, edelsüß

Pro Portion (bei 6): 456 kcal | 68 g KH | 13 g EW | 13 g Fett

1. Nudeln nach Packungsanweisung in reichlich Salzwasser kochen. Danach kalt abschrecken und in eine große Schüssel geben. Gurke, Tomate und Paprika klein würfeln. Frühlingszwiebeln in Ringe schneiden und Karotte raspeln (auch im Thermomix 5 Sek./Stufe 5 möglich). Alles zu den Nudeln geben.

2. **FÜR DAS DRESSING**

Knoblauchzehen, Zwiebel, Dill und Petersilie im Mixtopf **3 Sek./Stufe 6** zerkleinern. Restliche Zutaten für das Dressing zugeben und **7 Sek./Stufe 3** mixen. Über den Salat geben und gut vermengen.

UND DAS BESTE ...

Das Ranch-Dressing eignet sich auch gut für Blattsalate oder gemischten Salat.

OHNE THERMOMIX:

Knoblauch, Zwiebel, Dill und Petersilie fein hacken und mit den restlichen Dressingzutaten vermengen.

6–8 PORTIONEN

Thunfisch-NUDELSALAT

ZUTATEN

500 g Gabelspaghetti
150 g TK-Erbsen
2 Dosen Thunfisch, im eigenen Saft (à 150 g)
1 rote Paprika
100 g Gewürzgurken

FÜR DAS DRESSING

1 Handvoll Petersilie
175 g Remoulade
60 g Gurkenwasser, von den Essiggurken
1 EL Zitronensaft
1 TL Salz
½ TL Cayennepfeffer, gem.
½ TL Pfeffer, gem.
½ TL Paprikapulver, edelsüß

1. Nudeln nach Packungsanweisung in reichlich Salzwasser kochen. In den letzten paar Minuten die TK-Erbsen zugeben und mitkochen. Kalt abschrecken und in eine große Schüssel geben. Thunfisch abtropfen lassen und zu den Nudeln geben. Paprika und Gewürzgurken klein würfeln und unter die Nudeln mischen.

2. **FÜR DAS DRESSING**
Petersilie im Mixtopf **5 Sek./Stufe 5** zerkleinern. Restliche Dressingzutaten zugeben und **10 Sek./Stufe 3** mischen. Über den Salat geben und gut vermengen.

Pro Portion (bei 8): 445 kcal | 52 g KH | 21 g EW | 17 g Fett

MIT REMOULADEN-DRESSING

OHNE THERMOMIX:
Petersilie fein hacken und mit den restlichen Dressingzutaten vermengen.

4 PORTIONEN

Asia GLASNUDELSALAT

MIT GRANATAPFELKERNEN

ZUTATEN

200 g Glasnudeln
2 Karotten
3 Frühlingszwiebeln
½ Granatapfel, Kerne davon

FÜR DAS DRESSING

5 g Ingwer, frisch
5 g Kurkuma, frisch
35 g Öl
40 g Sojasauce
1 EL Reisessig
2 EL Zitronensaft
½ TL Currypulver
½ TL Zucker
½ TL Salz
1 EL schwarzer Sesam
¼ TL Pfeffer, gem.

1. Glasnudeln nach Packungsanweisung zubereiten. Danach mit einer Schere durchschneiden, damit die Nudeln nicht mehr so lang sind.

2. **FÜR DAS DRESSING**
Ingwer und Kurkuma in den Mixtopf geben und **5 Sek./Stufe 7** reiben. Restliche Dressingzutaten zugeben und **10 Sek./Stufe 4** vermengen.

3. Karotten in Juliennestreifen und Frühlingszwiebeln in Ringe schneiden. Zusammen mit den Granatapfelkernen und dem Dressing zu den Nudeln geben und gut vermengen.

Pro Portion: 340 kcal | 53 g KH | 4 g EW | 11 g Fett

Kleiner Tipp

WENN SIE KEINE FRISCHE KURKUMAWURZEL BEKOMMEN NEHMEN SIE 1 TL PULVER

OHNE THERMOMIX

Ingwer und Kurkuma fein reiben und mit den restlichen Dressingzutaten vermengen.

10 PORTIONEN

Kritharaki NUDELSALAT MIT HACKFLEISCH

Pro Portion: 389 kcal | 49 g KH | 19 g EW | 13 g Fett

ZUTATEN

500 g Reisnudeln (Kritharaki)
500 g Hackfleisch, gemischt
etwas Salz & Pfeffer
etwas Öl zum Braten
3 Frühlingszwiebeln
2 Dosen Goldmais Texas-Mix (à 265 g Abtr.gew.)

FÜR DAS DRESSING

2 Chilischoten, entkernt
2 Knoblauchzehen
1 Zwiebel, halbiert
1 Handvoll Petersilie
500 g Paprika-Mix (bunt gemischt)
125 g Wasser
500 g passierte Tomaten
1 EL Gemüsebrühpulver
1 TL Paprikapulver, rosenscharf
½ TL weißer Pfeffer, gem.
1 TL Salz, leicht gehäuft

1. Nudeln nach Packungsanweisung in reichlich Salzwasser kochen. Hackfleisch mit Salz und Pfeffer würzen und in einer Pfanne in etwas Öl anbraten. Beides abkühlen lassen und in eine große Schüssel geben. Frühlingszwiebeln in Ringe schneiden, Goldmais Texas-Mix gut abtropfen lassen und zu den Reisnudeln und dem Hackfleisch in die Schüssel geben.

2. **FÜR DAS DRESSING**
Chilischoten, Knoblauch, Zwiebel und Petersilie im Mixtopf **5 Sek./Stufe 6** hacken. Paprika in Stücken zugeben und **4 Sek./Stufe 5** zerkleinern. Restliche Zutaten für das Dressing zugeben und **15 Min./100°C/Stufe 1** kochen. Dressing noch warm über den Salat geben und gut vermengen. Ca. 1 Std. ziehen lassen, gerne auch länger.